Lasagnes

Lasagnes

Lucia Pantaleoni

Photographies Roger Stowell

Stylisme Mary Cadogan

SOLAR
EDITIONS

Si vous souhaitez recevoir notre catalogue et être tenu au courant
de nos publications, envoyez-nous vos nom et adresse,
en citant ce livre et en précisant les domaines qui vous intéressent.

Éditions SOLAR
12, avenue d'Italie
75013 Paris

www.solar.fr

Direction littéraire : Corinne Cesano
Édition : Delphine Depras et Aurélie Aminian
Mise en pages : Chantal Guézet, Encre Blanche
Photo de couverture : Jean Bono et Emmanuel Renault
Photogravure : Point 4

ISBN : 978-2-263-04569-1
Code éditeur : S04569/02
Dépôt légal : janvier 2008
Imprimé en France par Pollina - L47347
Suite du deuxième tirage

Sommaire

Introduction

Brève histoire des lasagnes

Les Étrusques ont été les premiers à faire des lasagnes, à partir de la farine d'épeautre, céréale rustique et résistante aux maladies.

Les Romains utilisaient un mélange de farine de blé et d'eau et façonnaient une sorte de lasagne qu'ils appelaient *lagane*. Ce terme est encore utilisé aujourd'hui dans quelques régions d'Italie pour certains types de pâtes.

Les ustensiles nécessaires pour faire les lasagnes maison

Pour la fabrication des pâtes, nos grand-mères utilisaient un plan de travail en bois et un rouleau à pâtisserie long et fin. Le bois rendait les pâtes rugueuses, le rouleau (parfois remplacé par un manche à balai) permettait d'exercer partout une pression égale, même sur une grande surface de pâte.

Aujourd'hui, les machines à pâtes permettent de les réaliser plus vite.

Il existe aussi des robots qui mélangent la farine avec les œufs et sont équipés d'un laminoir électrique.

Il faut savoir néanmoins que 60 g de pâtes faites à la main pèsent 95 g une fois cuites, tandis que fabriquées à la machine, elles absorbent plus d'eau, et pèsent une fois cuites 120 g. Le goût s'en ressent forcément !

La recette des lasagnes maison et des lasagnes colorées

Pour quatre personnes, il faut compter 200 g de farine, 2 œufs, un peu d'huile d'olive, qui rendra vos pâtes plus élastiques, et du sel fin.

Disposez la farine en puits sur un plan de travail assez grand. Versez les œufs, une pincée de sel et l'huile. Travaillez pour former une boule. Si la pâte est trop collante, ajoutez un peu de farine, si en revanche elle est trop friable, un peu d'eau. Pétrissez une dizaine de minutes en repliant et retournant régulièrement la pâte jusqu'à l'obtention d'une texture lisse et élastique.

Laissez-la reposer au moins 30 minutes, à température ambiante, enveloppée d'un torchon pour qu'elle ne se dessèche pas (sauf si vous utilisez un robot).

Divisez la pâte en trois. Abaissez grossièrement chaque part avec les mains. Réglez la machine à pâtes sur le cran le plus grand et passez la pâte en tournant la manivelle. Repliez la pâte en trois et repassez-la dans la machine. Recommencez en diminuant progressivement les crans.

Quand la pâte est devenue fine et souple, passez-la une fois en réduisant progressivement d'un cran jusqu'à obtention de l'épaisseur désirée ; repassez-la alors plusieurs fois dans ce même cran. Coupez en rectangles ou en carrés que vous poserez sur un torchon propre et légèrement fariné.

Si vous voulez des lasagnes aux épinards, ajoutez aux doses indiquées 30 g d'épinards cuits à l'eau salée, essorés et hachés. Pour des lasagnes à la tomate, vous ajouterez 2 cuillerées de concentré de tomate.
Pour des lasagnes au noir de seiche, une poche d'encre.

Entre amis

Lasagnes aux asperges

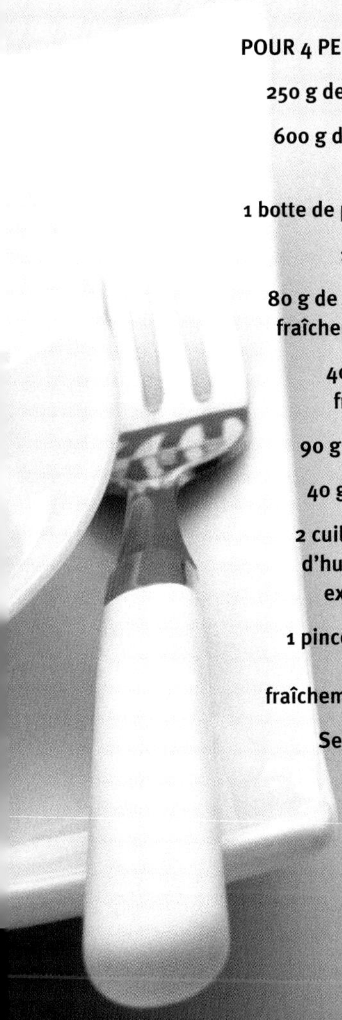

POUR 4 PERSONNES

250 g de lasagnes

600 g d'asperges vertes

1 botte de persil plat

1 échalote

80 g de parmesan fraîchement râpé

40 cl de lait frais entier

90 g de beurre

40 g de farine

2 cuill. à soupe d'huile d'olive extra vierge

1 pincée de noix muscade fraîchement râpée

Sel et poivre

Cette recette raffinée est facile à exécuter.
Vous pouvez également utiliser des asperges surgelées.

1 Lavez les feuilles de persil, épluchez l'échalote ; hachez-les séparément.

2 Lavez les asperges et enlevez la partie la plus fibreuse, coupez-les en rondelles de 1/2 cm d'épaisseur.

3 Faites bouillir 4 litres d'eau, salez et versez un filet d'huile d'olive. Faites cuire les lasagnes pendant le temps indiqué sur le paquet en les remuant de temps en temps.

4 Égouttez-les, puis étalez-les sur un torchon propre et humide ; couvrez-les avec un autre torchon humide afin qu'elles ne se dessèchent pas.

5 Versez l'huile dans une poêle. Faites-y revenir l'échalote et les asperges avec le persil, le sel et le poivre pendant 5 minutes environ.

6 Faites fondre 50 g de beurre dans une casserole. Ajoutez la farine et mélangez afin de bien l'incorporer. Versez le lait graduellement pour éviter la formation de grumeaux. Portez à léger frémissement et laissez mijoter 15 minutes à feu très doux en remuant constamment ; salez, ajoutez la muscade et réservez.

7 Préchauffez le four à 200 °C (th. 6).

8 Beurrez un plat à four rectangulaire de 20 x 30 cm environ. Étalez successivement des couches de lasagnes, d'asperges, de béchamel et de parmesan. Renouvelez l'opération trois fois en prenant soin de bien couvrir toutes les lasagnes afin qu'elles ne se dessèchent pas pendant la cuisson. Terminez avec quelques noisettes de beurre.

9 Enfournez et faites cuire 30 minutes environ jusqu'à ce que le dessus soit légèrement gratiné.

Lasagnes à la parmesane

La mozzarella de bufflonne, spécialité napolitaine,
est plus goûteuse et plus riche que celle de vache.
Dans cette recette à base d'ingrédients simples,
la mozzarella de bufflonne vous donnera pleine satisfaction.

POUR 4 PERSONNES

250 g de lasagnes

1 kg d'aubergines

1 gousse d'ail

1 oignon

250 g de mozzarella de bufflonne

60 g de parmesan fraîchement râpé

40 g de beurre

700 g de purée de tomates

5 cuill. à soupe d'huile d'olive extra vierge

1 grosse pincée d'origan

Gros sel

Sel et poivre

1 Faites bouillir 4 litres d'eau, salez et versez un filet d'huile d'olive. Faites cuire les lasagnes pendant le temps indiqué sur le paquet en les remuant de temps en temps.

2 Égouttez-les, puis étalez-les sur un torchon propre et humide ; couvrez-les avec un autre torchon humide afin qu'elles ne se dessèchent pas.

3 Ôtez les extrémités des aubergines, coupez-les en tranches très fines et mettez-les dans une passoire. Rajoutez une petite poignée de gros sel et laissez dégorger pendant 20 minutes.

4 Épluchez et hachez l'ail et l'oignon. Faites-les revenir dans une poêle avec 2 cuillerées d'huile et 30 g de beurre.

5 Ajoutez la purée de tomates, l'origan, du sel et du poivre, couvrez et laissez cuire pendant 30 minutes à feu doux en mélangeant de temps en temps.

6 Essuyez l'eau de végétation des aubergines avec un papier absorbant. Badigeonnez-les des deux côtés, avec un pinceau, du reste d'huile d'olive, puis grillez-les en les retournant une seule fois. Coupez la mozzarella en fines tranches.

7 Préchauffez le four à 200 °C (th. 6).

8 Beurrez un plat à four rectangulaire de 20 x 30 cm environ. Étalez successivement des couches de lasagnes, d'aubergines, de mozzarella et de sauce tomate. Renouvelez l'opération trois fois en prenant soin de bien couvrir toutes les lasagnes afin qu'elles ne se dessèchent pas pendant la cuisson. Saupoudrez de parmesan.

9 Enfournez et faites cuire 30 minutes environ jusqu'à ce que le dessus soit légèrement gratiné.

Lasagnes capricieuses

POUR 4 PERSONNES

250 g de lasagnes

100 g de jambon blanc (en une seule tranche)

1 échalote

100 g de scamorza non fumée

50 g de parmesan fraîchement râpé

50 cl de lait frais entier

80 g de beurre

150 g de fèves écossées surgelées

100 g de petits pois écossés surgelés

30 g de farine

1 pincée de noix muscade fraîchement râpée

Huile d'olive

Sel et poivre

La scamorza est un fromage à pâte filée au lait de vache entier, en forme de poire. Produite principalement dans le sud de l'Italie, elle peut être nature ou fumée.

1 Faites bouillir 4 litres d'eau, salez et versez un filet d'huile d'olive. Faites cuire les lasagnes pendant le temps indiqué sur le paquet en les remuant de temps en temps.

2 Égouttez-les, puis étalez-les sur un torchon propre et humide ; couvrez-les avec un autre torchon humide afin qu'elles ne se dessèchent pas.

3 Faites cuire les petits pois et les fèves à l'eau bouillante salée en suivant les instructions figurant sur le paquet.

4 Épluchez, hachez l'échalote et faites-la revenir dans une poêle avec 20 g de beurre, les petits pois et les fèves, pendant 15 minutes. Salez, poivrez et réservez.

5 Coupez le jambon et la scamorza en petits dés ; réservez séparément.

6 Faites fondre 50 g de beurre dans une casserole. Ajoutez la farine et mélangez afin de bien l'incorporer. Versez le lait graduellement pour éviter la formation de grumeaux. Portez à léger frémissement et laissez mijoter 15 minutes à feu doux en remuant constamment ; éteignez le feu, salez, ajoutez la muscade, le jambon en dés et réservez.

7 Préchauffez le four à 200 °C (th. 6).

8 Beurrez un plat à four rectangulaire de 20 x 30 cm environ. Étalez successivement des couches de lasagnes, de légumes, de scamorza et de béchamel. Renouvelez l'opération deux fois en prenant soin de bien couvrir toutes les lasagnes afin qu'elles ne se dessèchent pas pendant la cuisson. Terminez avec une couche de lasagnes, la béchamel et le parmesan râpé.

9 Enfournez et faites cuire 30 minutes environ jusqu'à ce que le dessus soit légèrement gratiné.

Lasagnes au pistou génois

POUR 4 PERSONNES

250 g de lasagnes

2 gros bouquets de basilic frais

1 gousse d'ail

80 g de parmesan fraîchement râpé

30 g de pecorino (fromage de brebis vieux) fraîchement râpé

70 g de beurre

30 g de pignons

1/2 verre d'huile d'olive extra vierge

Gros sel

Le basilic, à la base de cette recette, était autrefois utilisé pour ses propriétés aphrodisiaques ! Il est très délicat : il convient de le mixer par impulsions successives afin qu'il ne perde pas son arôme par la châleur.

1 Lavez les feuilles de basilic, épluchez l'ail et enlevez le germe.

2 Mixez le basilic avec les pignons, l'ail, l'huile, 30 g de parmesan et le pecorino.

3 Faites bouillir 4 litres d'eau, salez et versez un filet d'huile d'olive. Faites cuire les lasagnes pendant le temps indiqué sur le paquet en les remuant de temps en temps.

4 Pendant ce temps, laissez fondre le beurre dans une casserole à feu très doux.

5 Chauffez un plat de service et beurrez-le avec un peu de beurre fondu. Étalez successivement une couche de lasagnes, le pistou génois, le beurre fondu et saupoudrez de parmesan.

6 Renouvelez l'opération trois fois et servez aussitôt.

Lasagnes au potiron

POUR 4 PERSONNES

250 g de lasagnes

800 g de potiron

1 échalote

60 g de parmesan

50 cl de lait frais entier

50 g de beurre

40 g de farine

2 cuill. à soupe d'huile d'olive extra vierge

1 pincée de noix muscade fraîchement râpée

Sel et poivre

Le potiron est ici mis en valeur, notamment par la muscade, qui lui confère une petite note exotique.

1 Faites bouillir 4 litres d'eau, salez et versez un filet d'huile d'olive. Faites cuire les lasagnes pendant le temps indiqué sur le paquet en les remuant de temps en temps.

2 Égouttez-les, puis étalez-les sur un torchon propre et humide ; couvrez-les avec un autre torchon humide afin qu'elles ne se dessèchent pas.

3 Ôtez l'écorce, les graines et les filaments du potiron ; coupez-le en tranches fines.

4 Épluchez l'échalote, hachez-la et faites-la revenir dans une casserole avec l'huile.

5 Ajoutez le potiron, 1/2 cm d'eau, salez et poivrez. Couvrez et laissez cuire à feu doux pendant 15 minutes environ. Quand le potiron est devenu moelleux, éteignez le feu et passez-le au mixer.

6 Faites fondre 40 g de beurre dans une casserole, ajoutez la farine et mélangez afin de bien l'incorporer. Versez le lait graduellement pour éviter la formation de grumeaux. Portez à léger frémissement et laissez mijoter 15 minutes à feu très doux en remuant constamment. Ajoutez la muscade, le potiron, salez et poivrez.

7 Préchauffez le four à 200 °C (th. 6).

8 Beurrez un plat à four rectangulaire de 20 x 30 cm environ. Étalez une fine couche de béchamel au potiron, puis une couche de lasagnes. Renouvelez l'opération trois fois en prenant soin de bien couvrir toutes les lasagnes afin qu'elles ne se dessèchent pas pendant la cuisson. Saupoudrez de parmesan.

9 Enfournez et faites cuire 30 minutes environ afin que le dessus soit légèrement gratiné.

Lasagnes ricotta, pignons et gorgonzola

POUR 4 PERSONNES

250 g de lasagnes

1 kg de mâche

200 g de ricotta

100 g de mozzarella

100 g de gorgonzola

80 g de parmesan fraîchement râpé

50 cl de lait frais entier

60 g de beurre

30 g de farine

30 g de pignons

2 pincées de noix muscade fraîchement râpée

Huile d'olive

Sel et poivre

Si vous n'aimez pas la petite touche amère de la mâche, remplacez-la par des épinards.

1 Faites bouillir 4 litres d'eau, salez et versez un filet d'huile d'olive. Faites cuire les lasagnes pendant le temps indiqué sur le paquet en les remuant de temps en temps.

2 Égouttez-les puis étalez-les sur un torchon propre et humide ; couvrez-les avec un autre torchon humide afin qu'elles ne se dessèchent pas.

3 Faites bouillir 50 cl d'eau salée ; lavez la mâche et plongez-la dans l'eau pendant 10 minutes. Égouttez soigneusement. Réservez.

4 Coupez grossièrement la mozzarella et le gorgonzola en petits dés.

5 Faites fondre 50 g de beurre dans une casserole, ajoutez la farine et mélangez afin de bien l'incorporer. Versez le lait graduellement pour éviter la formation de grumeaux. Portez à léger frémissement et laissez mijoter 15 minutes à feu très doux en remuant constamment. Éteignez, ajoutez du sel, la muscade et réservez.

6 Pressez la mâche entre vos mains pour l'essorer et hachez-la grossièrement. Mélangez dans un saladier la mâche, la ricotta, la moitié de la béchamel, le gorgonzola. Salez, poivrez et ajoutez la muscade.

7 Faites griller les pignons ; réservez-les.

8 Préchauffez le four à 200 °C (th. 6).

9 Beurrez un plat à four rectangulaire de 20 x 30 cm environ. Étalez successivement des couches de lasagnes, de crème de mâche, de pignons et de parmesan. Renouvelez l'opération deux fois en prenant soin de bien couvrir toutes les lasagnes.

10 Terminez avec une couche de lasagnes, la béchamel, la mozzarella et le parmesan restant.

11 Enfournez et faites cuire 30 minutes environ jusqu'à ce que le dessus soit légèrement gratiné.

Lasagnes courgettes et crevettes roses

POUR 4 PERSONNES

250 g de lasagnes

200 g de crevettes roses épluchées

2 courgettes

2 tomates

1 échalote

40 g de beurre

15 g de farine

1 cuill. à soupe de cognac

30 cl de fumet de poisson

2 cuill. à soupe d'huile d'olive extra vierge

Sel et poivre

L'association crevettes-courgettes est assez fréquente dans la cuisine italienne. L'ajout du cognac donne à l'ensemble une note délicatement sucrée.

1 Faites bouillir 4 litres d'eau, salez et versez un filet d'huile d'olive. Faites cuire les lasagnes pendant le temps indiqué sur le paquet en les remuant de temps en temps.

2 Égouttez-les puis étalez-les sur un torchon propre et humide ; couvrez-les avec un autre torchon humide afin qu'elles ne se dessèchent pas.

3 Lavez les courgettes et enlevez les extrémités. Pelez et hachez l'échalote ; hachez les courgettes grossièrement. Faites revenir l'échalote dans une poêle avec 15 g de beurre, ajoutez les courgettes et laissez cuire pendant 10 minutes.

4 Plongez les tomates dans une casserole d'eau bouillante pendant 1 minute. Égouttez-les, pelez-les et coupez-les en petits cubes. Ajoutez-les aux courgettes avec les crevettes, le cognac, du sel et du poivre. Faites cuire pendant 5 minutes.

5 Faites fondre 15 g de beurre avec la farine, mélangez afin de bien l'incorporer. Versez le fumet de poisson graduellement pour éviter la formation de grumeaux. Portez à léger frémissement et laissez mijoter 15 minutes à feu très doux en remuant constamment.

6 Préchauffez le four à 200 °C (th. 6).

7 Beurrez un plat à four rectangulaire de 20 x 30 cm environ. Étalez successivement une couche de lasagnes, une couche de sauce aux crevettes et du velouté. Renouvelez l'opération trois fois en prenant soin de bien couvrir toutes les lasagnes afin qu'elles ne se dessèchent pas pendant la cuisson.

8 Enfournez et faites cuire 30 minutes environ jusqu'à ce que le dessus soit légèrement gratiné.

POUR 4 PERSONNES

250 g de lasagnes

600 g de brocoli

1 échalote

200 g de gorgonzola

40 g de pecorino vieux fraîchement râpé

50 cl de lait frais entier

60 g de beurre

40 g de farine

3 cuill. à soupe d'huile d'olive extra vierge

1 pincée de noix muscade fraîchement râpée

Sel et poivre

Lasagnes légumes, gorgonzola et pecorino

Le pecorino est un fromage à pâte dure, cuite, produit exclusivement avec du lait entier et frais de brebis.

1 Faites bouillir 4 litres d'eau, salez et versez un filet d'huile d'olive. Faites cuire les lasagnes pendant le temps indiqué sur le paquet en les remuant de temps en temps.

2 Égouttez-les puis étalez-les sur un torchon propre et humide ; couvrez-les avec un autre torchon humide afin qu'elles ne se dessèchent pas.

3 Lavez le brocoli. Coupez-le en bouquets et émincez la queue.

4 Ôtez la croûte du gorgonzola et coupez-le en petits dés.

5 Épluchez, hachez l'échalote et faites-la revenir dans une poêle avec l'huile et le brocoli pendant 15 minutes.

6 Faites fondre 50 g de beurre dans une casserole. Ajoutez la farine et mélangez afin de bien l'incorporer. Versez le lait graduellement pour éviter la formation de grumeaux. Portez à léger frémissement et laissez mijoter 15 minutes à feu très doux en remuant constamment ; salez, ajoutez la muscade et réservez.

7 Préchauffez le four à 200 °C (th. 6).

8 Beurrez un plat à four rectangulaire de 20 x 30 cm environ. Étalez successivement des couches de lasagnes, de brocoli, de béchamel et de gorgonzola. Renouvelez l'opération deux fois en prenant soin de bien couvrir toutes les lasagnes afin qu'elles ne se dessèchent pas pendant la cuisson. Terminez avec une couche de lasagnes, le brocoli, la béchamel et le pecorino.

9 Enfournez et faites cuire 30 minutes environ jusqu'à ce que le dessus soit légèrement gratiné.

Lasagnes aux épinards

POUR 4 PERSONNES

250 g de lasagnes

1 oignon

1 jaune d'œuf

150 g de ricotta

4 cuill. à soupe de parmesan fraîchement râpé

17,5 cl de lait frais entier

5 cl de crème fraîche liquide

120 g de beurre

250 g d'épinards surgelés

1 cuill. à soupe de farine

2 pincées de noix muscade fraîchement râpée

Huile d'olive

Sel et poivre

Achetez la ricotta chez votre fromager, ce plat n'en sera que meilleur.

1 Faites bouillir 4 litres d'eau, salez et versez un filet d'huile d'olive. Faites cuire les lasagnes pendant le temps indiqué sur le paquet en les remuant de temps en temps.

2 Égouttez-les puis étalez-les sur un torchon propre et humide ; couvrez-les avec un autre torchon humide afin qu'elles ne se dessèchent pas.

3 Épluchez et hachez l'oignon.

4 Plongez les épinards dans l'eau bouillante salée jusqu'à décongélation.

5 Égouttez-les soigneusement et hachez-les. Faites revenir l'oignon dans 20 g de beurre ; ajoutez les épinards et faites cuire à feu très doux pendant 15 minutes. Salez, poivrez.

6 Passez la ricotta au moulin à légumes, ajoutez le jaune d'œuf, une cuillerée de parmesan, du sel, du poivre et une pincée de muscade. Mélangez.

7 Ajoutez les épinards. Si le mélange est trop dense, ajoutez 2 cuillerées de crème fraîche. Rectifiez l'assaisonnement.

8 Faites fondre dans une casserole 25 g de beurre, ajoutez la farine et mélangez afin de bien l'incorporer. Versez le lait graduellement pour éviter la formation de grumeaux. Ajoutez la crème, portez à léger frémissement et laissez mijoter 15 minutes à feu très doux en remuant constamment ; salez, ajoutez une pincée de muscade.

9 Faites fondre dans une casserole 55 g de beurre à feu très doux.

10 Préchauffez le four à 200 °C (th. 6).

11 Beurrez un plat à four rectangulaire de 20 x 30 cm environ. Étalez une couche de lasagnes et une couche de ricotta aux épinards, versez un filet de beurre fondu et saupoudrez de parmesan. Renouvelez l'opération deux fois. Terminez avec la béchamel.

12 Enfournez et faites cuire 30 minutes environ jusqu'à ce que le dessus soit légèrement gratiné.

Lasagnes printanières

POUR 4 PERSONNES

250 g de lasagnes

750 g de courgettes

100 g de carottes

300 g de poireaux

200 g de haricots verts

2 échalotes

80 g de parmesan fraîchement râpé

30 cl de lait frais entier

100 g de crème fraîche

40 g de beurre

30 g de farine

6 cuill. à soupe d'huile d'olive extra vierge

1 pincée de noix muscade fraîchement râpée

Sel et poivre

Cette recette offre le parfum du printemps. Pour la rendre plus légère, vous pouvez remplacer le lait par la même quantité de bouillon de légumes.

1 Faites bouillir 4 litres d'eau, salez et versez un filet d'huile d'olive. Faites cuire les lasagnes pendant le temps indiqué sur le paquet en les remuant de temps en temps.

2 Égouttez-les, puis étalez-les sur un torchon propre et humide ; couvrez-les avec un autre torchon humide afin qu'elles ne se dessèchent pas.

3 Lavez et coupez les extrémités des haricots verts et des courgettes, grattez les carottes. Coupez le tout en petits dés.

4 Épluchez et lavez les poireaux ; éliminez le vert et émincez-les.

5 Épluchez et hachez les échalotes. Faites revenir dans une poêle une échalote avec 4 cuillerées d'huile, les poireaux, les carottes et les haricots verts. Salez, poivrez et mouillez avec un peu d'eau. Couvrez et laissez cuire pendant 15 minutes à feu doux.

6 Dans une poêle, faites revenir l'autre échalote avec l'huile restante et les courgettes. Salez, poivrez, couvrez et laissez cuire pendant 15 minutes à feu doux en remuant de temps en temps ; mixez et réservez.

7 Faites fondre 30 g de beurre dans une casserole, ajoutez la farine et mélangez afin de bien l'incorporer. Versez le lait graduellement pour éviter la formation de grumeaux. Portez à léger frémissement et laissez mijoter 15 minutes à feu très doux en remuant constamment. Ajoutez la crème fraîche, la muscade, les courgettes, salez et réservez.

8 Préchauffez le four à 200 °C (th. 6).

9 Beurrez un plat à four rectangulaire de 20 x 30 cm environ. Étalez successivement des couches de lasagnes, de légumes, de crème de courgettes et de parmesan. Renouvelez l'opération trois fois en prenant soin de bien couvrir les lasagnes.

10 Enfournez et faites cuire 30 minutes environ jusqu'à ce que le dessus soit légèrement gratiné.

En famille

Lasagnes estivales

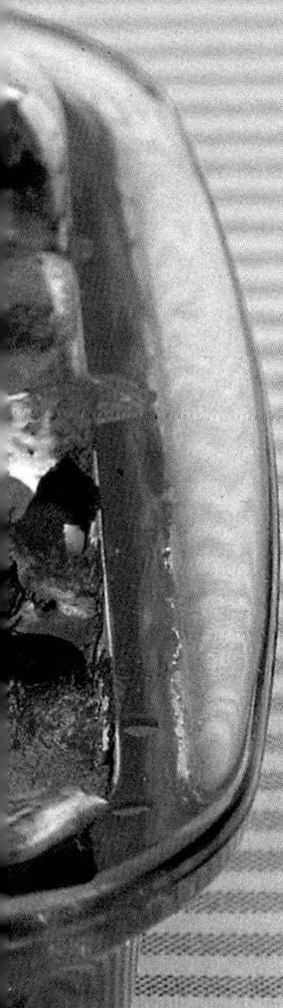

POUR 4 PERSONNES

250 g de lasagnes

1 aubergine

1 petit poivron rouge

1 courgette

2 gousses d'ail

1 bouquet de basilic frais

250 g de mozzarella de bufflonne

750 g de purée de tomates

100 g d'olives noires

6 cuill. à soupe d'huile d'olive extra vierge

1 grosse pincée d'origan sec

Gros sel

Sel et poivre

Une bonne mozzarella de bufflonne sera parfaitement mise en valeur par cette recette fraîche et estivale.

1 Faites bouillir 4 litres d'eau, salez et versez un filet d'huile d'olive. Faites cuire les lasagnes pendant le temps indiqué sur le paquet en les remuant de temps en temps.

2 Égouttez-les, puis étalez-les sur un torchon propre et humide ; couvrez-les avec un autre torchon humide afin qu'elles ne se dessèchent pas.

3 Épluchez l'ail. Dénoyautez les olives et coupez-les en petits morceaux.

4 Lavez le poivron et la courgette, éliminez les extrémités, coupez le poivron en deux, enlevez les graines et les filaments. Détaillez le poivron et la courgette en petits dés.

5 Lavez et ôtez les extrémités de l'aubergine, coupez-la en petits dés ; mettez-les dans un égouttoir avec du gros sel et faites-les dégorger pendant 20 minutes environ.

6 Faites revenir l'ail légèrement écrasé dans une poêle avec 3 cuillerées d'huile d'olive, ajoutez la purée de tomates, le basilic lavé et ciselé, salez, poivrez et faites cuire à feu doux pendant 20 minutes.

7 Égouttez bien les dés d'aubergines.

8 Dans une poêle, faites revenir à feu moyen les légumes et les olives dans l'huile restante, pendant 20 minutes environ. Salez (attention, les aubergines le sont déjà un peu), poivrez, ajoutez l'origan, mélangez et réservez.

9 Égouttez la mozzarella et coupez-la en petits dés.

10 Préchauffez le four à 200 °C (th. 6).

11 Étalez une fine couche de sauce tomate dans un plat à four rectangulaire de 20 x 30 cm. Étalez successivement une couche de lasagnes, une couche de sauce, une couche de mozzarella, une couche de légumes et d'olives. Renouvelez l'opération trois fois.

12 Enfournez et faites cuire 30 minutes environ afin que le dessus soit légèrement gratiné.

Lasagnes aubergines et ricotta

POUR 4 PERSONNES

250 g de lasagnes

400 g d'aubergines

1 oignon

20 feuilles de basilic frais

180 g de ricotta

6 cuill. à soupe de parmesan fraîchement râpé

2 cuill. à soupe de lait (facultatif)

10 g de beurre

800 g de purée de tomates

5 cuill. à soupe d'huile d'olive extra vierge

1 petite pincée de sucre

Gros sel

Sel et poivre

Les aubergines grillées se marient très bien avec la ricotta, le basilic et la sauce tomate pour une harmonie des saveurs.

1 Faites bouillir 4 litres d'eau, salez et versez un filet d'huile d'olive. Faites cuire les lasagnes pendant le temps indiqué sur le paquet en les remuant de temps en temps.

2 Égouttez-les, puis étalez-les sur un torchon propre et humide ; couvrez-les avec un autre torchon humide afin qu'elles ne se dessèchent pas.

3 Lavez les feuilles de basilic, coupez-les grossièrement avec des ciseaux. Salez et poivrez la ricotta. Si elle est peu crémeuse, ajoutez 2 cuillerées de lait.

4 Ôtez les extrémités des aubergines, coupez-les en tranches très fines et mettez-les dans un égouttoir. Rajoutez une petite poignée de gros sel et laissez-les dégorger pendant 20 minutes.

5 Badigeonnez les tranches d'aubergine avec 3 cuillerées d'huile d'olive, puis grillez-les au four ou sur une plaque adaptée.

6 Épluchez l'oignon, hachez-le et faites-le revenir dans une poêle avec l'huile d'olive restante ; ajoutez la purée de tomates, le sucre, salez, poivrez et laissez cuire à feu doux pendant 10 minutes environ. Éteignez, ajoutez le basilic et réservez.

7 Préchauffez le four à 200 °C (th. 6).

8 Beurrez un plat à four rectangulaire de 20 x 30 cm. Étalez successivement une couche de lasagnes, une couche de sauce tomate, une couche d'aubergines et de ricotta (avec une spatule). Renouvelez l'opération deux fois en prenant soin de bien couvrir toutes les lasagnes afin qu'elles ne se dessèchent pas pendant la cuisson. Terminez avec une couche de lasagnes, la sauce tomate et le parmesan.

9 Enfournez et faites cuire 30 minutes afin que le dessus soit légèrement gratiné.

Lasagnes aux artichauts

POUR 4 PERSONNES

250 g de lasagnes

10 artichauts poivrade

1 oignon

1 gousse d'ail

40 g de pecorino sarde (fromage de brebis vieilli), ou de parmesan, fraîchement râpé

50 cl de lait frais entier

60 g de beurre

30 g de farine

30 g de cèpes séchés

1/2 verre de vin blanc

3 cuill. à soupe d'huile d'olive extra vierge

1 pincée de noix muscade fraîchement râpée

Sel et poivre

La recette classique comporte la béchamel et les artichauts. On l'enrichit ici de cèpes qui se marient à merveille avec les artichauts.

1 Faites bouillir 4 litres d'eau, salez et versez un filet d'huile d'olive. Faites cuire les lasagnes pendant le temps indiqué sur le paquet en les remuant de temps en temps.

2 Égouttez-les, puis étalez-les sur un torchon propre et humide ; couvrez-les avec un autre torchon humide afin qu'elles ne se dessèchent pas.

3 Réhydratez les cèpes dans un bol d'eau bouillante pendant 15 minutes. Égouttez-les et hachez-les grossièrement.

4 Éliminez les feuilles externes et la queue des artichauts, coupez-les en deux dans la longueur afin de retirer le foin à l'aide d'une petite cuillère, puis coupez-les en tranches très fines.

5 Épluchez et hachez l'ail et l'oignon. Faites-les revenir dans une poêle avec l'huile. Ajoutez les artichauts, le vin que vous laisserez s'évaporer, une petite louche d'eau chaude, salez, poivrez, couvrez et laissez cuire 20 minutes environ à feu doux. À mi-cuisson, ajoutez les cèpes.

6 Faites fondre 50 g de beurre dans une casserole. Ajoutez la farine et mélangez afin de bien l'incorporer. Versez le lait graduellement pour éviter la formation de grumeaux. Portez à léger frémissement et laissez mijoter 15 minutes à feu très doux en remuant constamment. Éteignez, ajoutez la muscade, le pecorino et un peu de sel ; mélangez.

7 Préchauffez le four à 200 °C (th. 6).

8 Beurrez un plat à four rectangulaire de 20 x 30 cm environ. Étalez successivement des couches de lasagnes, d'artichauts et de béchamel. Renouvelez l'opération trois fois en prenant soin de bien couvrir toutes les lasagnes.

9 Enfournez et faites cuire 30 minutes environ jusqu'à ce que le dessus soit légèrement gratiné.

Lasagnes saucisses et champignons

POUR 4 PERSONNES

250 g de lasagnes

3 saucisses de Toulouse

300 g de champignons mélangés surgelés

1 petite carotte

1 branche de céleri

1 échalote

1 bouquet de persil plat

1 gousse d'ail

40 g de parmesan fraîchement râpé

50 cl de lait frais entier

90 g de beurre

30 g de farine

350 g de purée de tomates

1/2 verre de vin blanc sec

4 cuill. à soupe d'huile d'olive extra vierge

Sel et poivre

Cette recette typiquement automnale sera appréciée après une promenade en forêt (on pourra d'ailleurs utiliser des champignons frais...).

1 Pelez les saucisses et émiettez-les grossièrement. Lavez le céleri, grattez la carotte, épluchez l'échalote. Hachez ces légumes et faites-les revenir dans 2 cuillerées d'huile et 30 g de beurre.

2 Ajoutez les saucisses, faites-les dorer à feu vif, versez le vin, laissez évaporer, ajoutez la purée de tomates, salez, poivrez. Couvrez et laissez cuire pendant 30 minutes à feu doux en mélangeant régulièrement.

3 Faites bouillir 4 litres d'eau, salez et versez un filet d'huile d'olive. Faites cuire les lasagnes pendant le temps indiqué sur le paquet en les remuant de temps en temps.

4 Égouttez-les, puis étalez-les sur un torchon propre et humide ; couvrez-les avec un autre torchon humide afin qu'elles ne se dessèchent pas.

5 Lavez et hachez les feuilles de persil. Épluchez l'ail et faites-le revenir dans une poêle avec l'huile restante. Ajoutez les champignons et le persil. Salez, poivrez, couvrez et faites cuire pendant 15 minutes.

6 Faites fondre 50 g de beurre dans une casserole, ajoutez la farine et mélangez afin de bien l'incorporer. Versez le lait graduellement pour éviter la formation de grumeaux. Portez à léger frémissement et laissez mijoter 15 minutes à feu très doux en remuant constamment ; éteignez le feu, salez et incorporez les champignons.

7 Préchauffez le four à 200 °C (th. 6).

8 Beurrez un plat à four rectangulaire de 20 x 30 cm environ. Étalez successivement une couche de lasagnes, une de saucisses et une de béchamel. Renouvelez l'opération trois fois et saupoudrez de parmesan.

9 Enfournez et faites cuire 30 minutes environ jusqu'à ce que le dessus soit légèrement gratiné.

Lasagnes thon, crevettes et câpres

POUR 4 PERSONNES

250 g de lasagnes

300 g de crevettes roses

2 gousses d'ail

1 bouquet de persil plat

250 g de mozzarella de bufflonne

10 g de beurre

70 g de thon à l'huile d'olive

1 boite de pulpe de tomates

20 olives noires

1 cuill. à café de câpres au vinaigre

2 cuill. à soupe d'huile d'olive extra vierge

Sel et poivre

Si vous aimez les plats relevés, vous pourrez ajouter du piment de Cayenne dans la sauce ; cette recette n'en aura que plus de caractère.

1 Faites bouillir 4 litres d'eau, salez et versez un filet d'huile d'olive. Faites cuire les lasagnes pendant le temps indiqué sur le paquet en les remuant de temps en temps.

2 Égouttez-les, puis étalez-les sur un torchon propre et humide ; couvrez-les avec un autre torchon humide afin qu'elles ne se dessèchent pas.

3 Égouttez le thon de son huile. Rincez les câpres à l'eau claire, dénoyautez les olives. Hachez les câpres et les olives grossièrement.

4 Épluchez les crevettes, lavez les feuilles de persil et hachez-les. Égouttez la mozzarella et coupez-la en petits dés.

5 Épluchez l'ail, écrasez-le légèrement et faites-le revenir dans une poêle avec l'huile d'olive, puis ajoutez la pulpe de tomates, les câpres, les olives, le thon, le persil, salez et poivrez. Couvrez et faites cuire pendant 20 minutes à feu doux. Après 15 minutes, ajoutez les crevettes et terminez la cuisson ; éteignez le feu et réservez.

6 Préchauffez le four à 200 °C (th. 6).

7 Beurrez un plat à four rectangulaire de 20 x 30 cm, puis étalez une couche de lasagnes. Recouvrez d'une couche de sauce et d'une couche de mozzarella. Renouvelez l'opération trois fois en prenant soin de bien couvrir toutes les lasagnes afin qu'elles ne se dessèchent pas pendant la cuisson.

8 Enfournez et faites cuire 30 minutes environ afin que le dessus soit légèrement gratiné.

Lasagnes blettes, jambon fumé et noisettes

POUR 4 PERSONNES

200 g de lasagnes

60 g de jambon cru fumé

500 g de blettes

1 échalote

1 gousse d'ail

25 g d'emmental râpé

50 cl de lait frais entier

60 g de beurre

40 g de farine

20 g de noisettes grillées

2 cuill. à soupe d'huile d'olive extra vierge

1 pincée de noix muscade fraîchement râpée

Sel et poivre

Choisissez des noisettes grillées : elles rehaussent le goût fumé du jambon.

1 Faites bouillir 4 litres d'eau, salez et versez un filet d'huile d'olive. Faites cuire les lasagnes pendant le temps indiqué sur le paquet en les remuant de temps en temps.

2 Égouttez-les, puis étalez-les sur un torchon propre et humide ; couvrez-les avec un autre torchon humide afin qu'elles ne se dessèchent pas.

3 Ôtez la base des blettes, lavez-les, coupez les côtes et les feuilles en fines lanières. Faites bouillir 2 litres d'eau salée. Plongez-y les blettes et laissez cuire pendant 10 minutes environ. Égouttez soigneusement.

4 Coupez le jambon fumé en fines lamelles. Épluchez et hachez l'ail et l'échalote ; hachez les noisettes.

5 Dans une poêle, faites revenir l'ail et l'échalote avec l'huile. Ajoutez les blettes, laissez cuire à feu doux pendant 7 minutes.

6 Ajoutez le jambon fumé, laissez cuire pendant 5 minutes encore. Ajoutez 2/3 des noisettes, une pincée de muscade, salez légèrement et poivrez.

7 Faites fondre 50 g de beurre dans une casserole. Ajoutez la farine et mélangez afin de bien l'incorporer au beurre. Versez le lait graduellement pour éviter la formation de grumeaux. Portez à léger frémissement et laissez mijoter 15 minutes à feu très doux en remuant constamment ; salez et ajoutez une pincée de muscade.

8 Préchauffez le four à 200 °C (th. 6).

9 Beurrez un plat à four rectangulaire de 20 x 30 cm. Étalez une couche de lasagnes, versez la moitié des blettes, un tiers de la béchamel, un tiers de l'emmental. Renouvelez l'opération. Terminez avec une couche de lasagnes, une couche de béchamel, saupoudrez d'emmental et de noisettes.

10 Enfournez et faites cuire 30 minutes environ afin que le dessus soit légèrement gratiné.

Lasagnes aux petits pois

POUR 4 PERSONNES

250 g de lasagnes

50 g de lardons fumés

1 oignon

1 bouquet de persil plat

80 g de parmesan fraîchement râpé

50 cl de lait frais entier

80 g de beurre

40 g de farine

1 boîte de 400 g (poids égoutté) de petits pois extra-fins

1/2 verre de bouillon de légumes (facultatif)

2 cuill. à soupe d'huile d'olive extra vierge

1 pincée de noix muscade fraîchement râpée

Sel et poivre

Dans cette recette, la délicatesse des petits pois est mise en valeur par la béchamel. Et le petit goût fumé des lardons charmera vos papilles.

1 Faites bouillir 4 litres d'eau, salez et versez un filet d'huile d'olive. Faites cuire les lasagnes pendant le temps indiqué sur le paquet en les remuant de temps en temps.

2 Égouttez-les, puis étalez-les sur un torchon propre et humide ; couvrez-les avec un autre torchon humide afin qu'elles ne se dessèchent pas.

3 Pelez l'oignon, lavez les feuilles de persil. Hachez l'oignon et le persil séparément.

4 Égouttez les petits pois. Faites revenir l'oignon avec 20 g de beurre et l'huile d'olive. Ajoutez les petits pois, les lardons et le persil. Couvrez et laissez cuire à feu modéré pendant 20 minutes en rajoutant si nécessaire 1/2 verre de bouillon de légumes.

5 Faites fondre dans une casserole 50 g de beurre, ajoutez la farine et mélangez afin de bien l'incorporer. Versez le lait graduellement pour éviter la formation de grumeaux. Portez à léger frémissement et laissez mijoter 15 minutes à feu très doux en remuant constamment. Ajoutez la muscade, salez, poivrez et réservez.

6 Préchauffez le four à 200 °C (th. 6).

7 Beurrez un plat à four rectangulaire de 20 x 30 cm environ. Étalez successivement une couche de lasagnes, une couche de petits pois, une couche de béchamel et de parmesan. Renouvelez l'opération trois fois en prenant soin de bien couvrir toutes les lasagnes afin qu'elles ne se dessèchent pas pendant la cuisson.

8 Enfournez et faites cuire 30 minutes environ afin que le dessus soit légèrement gratiné.

Lasagnes endives, noix et gorgonzola

Pour un goût plus corsé, vous pouvez remplacer le gorgonzola par du roquefort.

POUR 4 PERSONNES

- 250 g de lasagnes
- 8 endives
- 1 échalote
- 400 g de gorgonzola
- 40 g de parmesan fraîchement râpé
- 50 cl de lait frais entier
- 80 g de beurre
- 40 g de farine
- 8 noix
- 1/2 verre de vin blanc sec
- 1 cuill. à soupe d'huile d'olive extra vierge
- 1 pincée de noix muscade fraîchement râpée
- Sel et poivre

1 Faites bouillir 4 litres d'eau, salez et versez un filet d'huile d'olive. Faites cuire les lasagnes pendant le temps indiqué sur le paquet en les remuant de temps en temps.

2 Égouttez-les, puis étalez-les sur un torchon propre et humide ; couvrez-les avec un autre torchon humide afin qu'elles ne se dessèchent pas.

3 Ôtez la croûte du gorgonzola et coupez-le en dés. Cassez les noix et hachez-les grossièrement ; réservez.

4 Épluchez et hachez l'échalote. Nettoyez les endives : retirez les feuilles extérieures flétries, ôtez à la base un petit cône pour éliminer la partie la plus amère. Coupez-les en rondelles de 1/2 cm environ.

5 Dans une poêle, faites revenir l'échalote avec 20 g de beurre et l'huile d'olive ; ajoutez les endives, le vin blanc que vous laisserez s'évaporer, salez et poivrez. Laissez cuire à feu doux jusqu'à ce que les endives soient dorées et moelleuses.

6 Faites fondre 50 g de beurre, ajoutez la farine et mélangez afin de bien l'incorporer. Versez le lait graduellement pour éviter la formation de grumeaux. Portez à léger frémissement et laissez mijoter 15 minutes à feu très doux en remuant constamment. Ajoutez la muscade, salez, poivrez et réservez.

7 Préchauffez le four à 200 °C (th. 6).

8 Beurrez un plat à four rectangulaire de 20 x 30 cm environ. Étalez successivement une couche de lasagnes, une couche d'endives, une couche de gorgonzola, une couche de béchamel et de noix. Renouvelez l'opération trois fois et terminez avec le parmesan.

9 Enfournez et faites cuire 30 minutes environ jusqu'à ce que le dessus soit légèrement gratiné.

Lasagnes à la chicorée de Trévise

POUR 4 PERSONNES

250 g de lasagnes

400 g de chicorée de Trévise

2 échalotes

40 g de parmesan fraîchement râpé

55 cl de lait frais entier

50 g de beurre

30 g de farine

2 cuill. à soupe d'huile d'olive extra vierge

1 pincée de noix muscade fraîchement râpée

Sel et poivre

La chicorée de Trévise, ou salade de Trévise, accompagne de nombreuses préparations en Italie : hors-d'œuvre, entrées, plats, salades.

1 Faites bouillir 4 litres d'eau, salez et versez un filet d'huile d'olive. Faites cuire les lasagnes pendant le temps indiqué sur le paquet en les remuant de temps en temps.

2 Égouttez-les, puis étalez-les sur un torchon propre et humide ; couvrez-les avec un autre torchon humide afin qu'elles ne se dessèchent pas.

3 Épluchez et hachez les échalotes. Lavez la chicorée de Trévise et éliminez l'extrémité ; émincez-la, lavez-la et essorez-la.

4 Dans une poêle, faites revenir les échalotes avec l'huile. Ajoutez la chicorée, salez, poivrez et faites cuire pendant 10 minutes en remuant de temps en temps.

5 Faites fondre le beurre dans une casserole, ajoutez la farine et mélangez afin de bien l'incorporer. Versez le lait graduellement pour éviter la formation de grumeaux. Portez à léger frémissement et laissez mijoter 15 minutes à feu très doux en remuant constamment. Ajoutez la muscade, salez.

6 Incorporez la chicorée à la béchamel.

7 Préchauffez le four à 200 °C (th. 6).

8 Étalez une fine couche de béchamel dans un plat à four rectangulaire de 20 x 30 cm. Disposez une couche de lasagnes ; versez une couche de béchamel à la chicorée. Renouvelez l'opération trois fois en prenant soin de bien couvrir toutes les lasagnes afin qu'elles ne se dessèchent pas pendant la cuisson et saupoudrez de parmesan.

9 Enfournez et faites cuire 30 minutes afin que le dessus soit légèrement gratiné.

Lasagnes à la bolognaise

POUR 4 PERSONNES

250 g de lasagnes

150 g de viande de bœuf hachée

150 g de viande de porc hachée

250 g de pulpe de tomates

1 petite carotte

1 branche de céleri

1 gousse d'ail

1 oignon

1 morceau de zeste de citron

60 g de parmesan fraîchement râpé

50 cl de lait frais entier

120 g de beurre

30 g de farine

1/2 verre de vin rouge

2 cuill. à soupe d'huile d'olive extra vierge

1 pincée de noix muscade fraîchement râpée

1 clou de girofle

Sel et poivre

C'est une variante personnelle de la recette originale qui prévoit, entre autres, l'utilisation de lasagnes aux épinards.

1 Grattez la carotte et lavez le céleri ; épluchez l'oignon et l'ail. Hachez les légumes très finement. Faites-les revenir dans un plat de terre cuite avec 40 g de beurre et l'huile. Ajoutez le bœuf et le porc hachés, faites rissoler.

2 Ajoutez le vin, la pulpe de tomates, le zeste de citron, le clou de girofle, salez et poivrez. Laissez le vin s'évaporer. Couvrez et laissez cuire à feu doux pendant 45 minutes, puis enlevez le zeste de citron et le clou de girofle. Réservez.

3 Faites bouillir 4 litres d'eau, salez et versez un filet d'huile d'olive. Faites cuire les lasagnes pendant le temps indiqué sur le paquet en les remuant de temps en temps.

4 Égouttez-les puis étalez-les sur un torchon propre et humide ; couvrez-les avec un autre torchon humide afin qu'elles ne se dessèchent pas.

5 Faites fondre 50 g de beurre dans une casserole. Ajoutez la farine et mélangez afin de bien l'incorporer. Versez le lait graduellement pour éviter la formation de grumeaux. Portez à léger frémissement et laissez mijoter 15 minutes à feu très doux en remuant constamment. Salez, ajoutez la muscade et réservez.

6 Préchauffez le four à 200 °C (th. 6).

7 Beurrez un plat à four rectangulaire de 20 x 30 cm environ. Étalez successivement une couche de lasagnes, une couche de viande et une couche de béchamel. Renouvelez l'opération deux fois. Terminez avec une couche de lasagnes et une de béchamel, le parmesan et quelques noisettes du beurre restant.

8 Enfournez et faites cuire 30 minutes environ jusqu'à ce que le dessus soit légèrement gratiné.

En tête à tête

Lasagnes poulet et légumes printaniers

POUR 2 PERSONNES

125 g de lasagnes
150 g de blanc de poulet
50 g de carotte
50 g de courgette
50 g d'échalote
10 cl de lait frais entier
40 g de beurre
5 cl de vin blanc sec
10 g de farine
Huile d'olive
Sel et poivre

Cette recette légère et printanière prévoit une seule couche de lasagnes : utilisez un plat de service assez grand pour les contenir toutes.

1 Mettez à chauffer au moins 2 litres d'eau salée dans un grand fait-tout.

2 Hachez l'échalote, coupez en très petits dés la courgette, la carotte et le blanc de poulet.

3 Dans une poêle, faites revenir l'échalote et la carotte avec 10 g de beurre. Mouillez avec le vin blanc et laissez-le s'évaporer.

4 Ajoutez le poulet, faites-le cuire pendant 8 minutes, puis rajoutez les dés de courgette. Continuez la cuisson pendant 6 minutes environ. Salez, éteignez le feu et réservez.

5 Faites fondre 10 g de beurre, ajoutez la farine et mélangez afin de bien l'incorporer au beurre. Versez le lait graduellement pour éviter la formation de grumeaux. Portez à léger frémissement et laissez mijoter 5 minutes à feu très doux en remuant constamment. Salez et réservez.

6 Quand l'eau bout, versez un filet d'huile d'olive et les lasagnes. Faites-les cuire pendant le temps indiqué sur le paquet en les remuant de temps en temps.

7 Chauffez un plat de service suffisamment grand pour contenir toutes les lasagnes en une seule couche et beurrez-le abondamment.

8 Dès que les lasagnes sont cuites, égouttez-les, puis étalez-les en une couche unique sur le plat de service.

9 Assaisonnez les lasagnes avec la sauce au poulet, la béchamel et servez aussitôt.

Lasagnes au canard

POUR 2 PERSONNES

125 g de lasagnes

1 beau magret de canard

15 g de carotte

15 g de céleri

15 g d'oignon

4 cuill. à soupe de parmesan

25 cl de lait frais entier

40 g de beurre

1/2 verre de vin blanc sec

200 g de pulpe de tomates

10 g de farine

2 cuill. à soupe d'huile d'olive extra vierge

Sel

Ce plat riche et raffiné est tout à fait adapté à un dîner prestigieux.

1 Faites hacher le magret sans la peau par votre boucher.

2 Lavez la carotte et le céleri ; épluchez l'oignon. Hachez ces légumes et faites-les revenir avec l'huile et le canard. Ajoutez le vin que vous ferez évaporer, la pulpe de tomates et une petite louche d'eau. Couvrez et laissez cuire pendant 30 minutes.

3 Faites bouillir 2 litres d'eau, salez et versez un filet d'huile d'olive. Faites cuire les lasagnes pendant le temps indiqué sur le paquet en les remuant de temps en temps.

4 Égouttez-les, puis étalez-les sur un torchon propre et humide ; couvrez-les avec un autre torchon humide afin qu'elles ne se dessèchent pas.

5 Faites fondre 20 g de beurre dans une casserole, ajoutez la farine et mélangez afin de bien l'incorporer. Versez le lait graduellement pour éviter la formation de grumeaux. Portez à léger frémissement et laissez mijoter 15 minutes à feu très doux en remuant constamment. Salez.

6 Préchauffez le four à 200 °C (th. 6).

7 Beurrez un plat à four rectangulaire de 15 x 20 cm environ.

8 Étalez successivement une couche de lasagnes, du canard en sauce, de la béchamel et du parmesan en prenant soin de bien couvrir toutes les lasagnes. Renouvelez l'opération trois fois. Ajoutez quelques noisettes de beurre.

9 Enfournez et faites cuire 20 minutes environ jusqu'à ce que le dessus soit légèrement gratiné.

Lasagnes aux crustacés

C'est une entrée raffinée que vous pourrez accompagner, par exemple, de seiches grillées.

POUR 2 PERSONNES

125 g de lasagnes

200 g de langoustines

150 g de coques

150 g de gambas

2 gousses d'ail

30 g de beurre

20 g de farine

1/2 verre de vin blanc sec

Fumet de poisson

2 cuill. à soupe d'huile d'olive extra vierge

Sel et poivre

1 Faites bouillir 2 litres d'eau, salez et versez un filet d'huile d'olive. Faites cuire les lasagnes pendant le temps indiqué sur le paquet en les remuant de temps en temps.

2 Égouttez-les, puis étalez-les sur un torchon propre et humide ; couvrez-les avec un autre torchon humide afin qu'elles ne se dessèchent pas.

3 Laissez les coques dégorger dans de l'eau salée pendant au moins 1 heure. Faites-les ouvrir dans une poêle avec 1 cuillerée d'huile d'olive. Ajoutez le vin et laissez-le s'évaporer. Détachez les mollusques, filtrez le jus, ajoutez suffisamment de fumet de poisson pour obtenir 30 cl et réservez.

4 Enlevez les têtes et les queues des langoustines et des gambas, retirez l'intestin en tirant sur l'extrémité de la queue, et coupez-les en dés.

5 Épluchez l'ail et écrasez-le légèrement ; faites-le revenir dans 1 cuillerée d'huile avec les crustacés. Salez légèrement, poivrez et réservez.

6 Faites fondre 20 g de beurre dans une casserole. Ajoutez la farine et mélangez afin de bien l'incorporer. Versez le fumet de poisson et le jus des coques graduellement pour éviter la formation de grumeaux. Portez à léger frémissement et laissez mijoter 15 minutes à feu très doux en remuant constamment.

7 Préchauffez le four à 200 °C (th. 6).

8 Beurrez un plat à four rectangulaire de 15 x 20 cm environ.

9 Étalez successivement une couche de lasagnes, deux cuillerées de velouté, des coques et des crustacés. Renouvelez l'opération 2 fois. Terminez par une couche de lasagnes et le reste du velouté.

10 Enfournez et faites cuire 20 minutes environ jusqu'à ce que le dessus soit légèrement gratiné.

POUR 2 PERSONNES

125 g de lasagnes

300 g de filet de saumon

450 g de poireaux

50 g de beurre

20 g de farine

30 cl de fumet de poisson

2 cuill. à soupe d'huile d'olive extra vierge

Sel et poivre

Lasagnes saumon et poireaux

Les poireaux se marient très bien avec le poisson en général et le saumon en particulier.

1 Faites bouillir 2 litres d'eau, salez et versez un filet d'huile d'olive. Faites cuire les lasagnes pendant le temps indiqué sur le paquet en les remuant de temps en temps.

2 Égouttez-les, puis étalez-les sur un torchon propre et humide ; couvrez-les avec un autre torchon humide afin qu'elles ne se dessèchent pas.

3 Nettoyez les poireaux, coupez-les en fines rondelles et faites-les revenir à feu doux dans une poêle avec 10 g de beurre et 1 cuillerée à soupe d'huile d'olive ; salez, poivrez. Quand les poireaux sont bien moelleux (après 15 minutes environ), éteignez le feu et réservez-les.

4 Enlevez la peau du saumon et coupez-le en petits dés. Faites-les sauter dans une poêle avec l'huile d'olive restante et 10 g de beurre pendant 1 minute en remuant. Éteignez le feu et réservez.

5 Faites fondre 20 g de beurre dans une casserole, ajoutez la farine et mélangez afin de bien l'incorporer. Versez le fumet graduellement pour éviter la formation de grumeaux. Portez à léger frémissement et laissez mijoter 15 minutes à feu très doux en remuant constamment ; rectifiez l'assaisonnement.

6 Préchauffez le four à 200 °C (th. 6).

7 Beurrez un plat à four rectangulaire de 15 x 20 cm environ.

8 Étalez successivement des couches de lasagnes, de saumon, de poireau et de velouté en prenant soin de bien couvrir toutes les lasagnes pour qu'elles ne se dessèchent pas pendant la cuisson. Renouvelez l'opération trois fois.

9 Enfournez et faites cuire 20 minutes environ jusqu'à ce que le dessus soit légèrement gratiné.

Lasagnes lotte et gambas

POUR 2 PERSONNES

125 g de lasagnes

10 gambas

200 g de moules

200 g de filet de lotte

1/2 échalote

50 g de beurre

25 g de farine

Fumet de poisson

2 cuill. à soupe d'huile d'olive extra vierge

Sel et poivre

La sauce blanche à base de fumet de poisson constitue une bonne alternative à la béchamel car elle rehausse le goût du poisson.

1 Faites bouillir 2 litres d'eau, salez et versez un filet d'huile d'olive. Faites cuire les lasagnes pendant le temps indiqué sur le paquet en les remuant de temps en temps.

2 Égouttez-les, puis étalez-les sur un torchon propre et humide ; couvrez-les avec un autre torchon humide afin qu'elles ne se dessèchent pas.

3 Lavez les moules à l'eau courante et grattez-les. Faites-les ouvrir à feu vif dans une poêle couverte avec 1 cuillerée à soupe d'huile. Filtrez le jus, complétez avec le fumet de poisson pour obtenir 30 cl. Décoquillez les moules et réservez.

4 Épluchez les gambas ; coupez la lotte et les gambas en dés. Hachez l'échalote et faites-la revenir dans 1 cuillerée à soupe d'huile. Ajoutez la lotte, les gambas, du sel, et laissez cuire pendant 7 minutes environ.

5 Faites fondre 40 g de beurre dans une casserole. Ajoutez la farine et mélangez afin de bien l'incorporer. Versez le fumet et le jus de moules graduellement pour éviter la formation de grumeaux. Portez à léger frémissement et laissez mijoter 15 minutes à feu très doux en remuant constamment ; rectifiez l'assaisonnement et réservez.

6 Préchauffez le four à 200 °C (th. 6).

7 Beurrez un plat à four rectangulaire de 15 x 20 cm environ.

8 Étalez successivement des couches de lasagnes, de lotte, de gambas, de moules et de velouté en prenant soin de bien couvrir toutes les lasagnes. Renouvelez l'opération trois fois.

9 Enfournez et faites cuire 20 minutes environ jusqu'à ce que le dessus soit légèrement gratiné.

Lasagnes à la sauce aux amandes et pecorino

POUR 2 PERSONNES

125 g de lasagnes

3 tomates olivette

1/2 bouquet de basilic

1 gousse d'ail

15 g de pecorino sarde (fromage de brebis) fraîchement râpé

30 g d'amandes

1/2 verre d'huile d'olive extra vierge

Sel

La sauce proposée pour cette recette est une variante du pistou à la trapanaise, d'origine sicilienne. Réservez cette recette plutôt pour l'été.

1 Avec un couteau pointu, incisez en croix le sommet de chaque tomate.

2 Faites bouillir de l'eau dans une casserole et préparez un grand saladier d'eau froide. Quand l'eau est bouillante, plongez-y les tomates 1 minute. Retirez-les avec une écumoire et plongez-les immédiatement dans l'eau froide ; retirez la peau. Coupez-les en deux, puis épépinez-les ; réservez.

3 Passez rapidement les feuilles de basilic sous l'eau et essuyez-les ; enlevez le germe de la gousse d'ail.

4 Plongez les amandes dans une tasse d'eau bouillante pendant 5 minutes ; pelez-les et hachez-les dans un robot avec les tomates pelées, le basilic, le pecorino, l'ail et l'huile d'olive.

5 Faites bouillir 2 litres d'eau, salez et versez un filet d'huile d'olive. Faites cuire les lasagnes pendant le temps indiqué sur le paquet en les remuant de temps en temps.

6 Chauffez un plat de service suffisamment grand pour contenir toutes les lasagnes en une seule couche. Étalez 1 cuillerée de pistou sur le fond. Dès que les lasagnes sont cuites, égouttez-les, puis étalez-les sur le plat de service.

7 Assaisonnez les lasagnes avec le pistou et servez immédiatement.

Lasagnes aux fromages

POUR 2 PERSONNES

- 125 g de lasagnes
- 75 g de gorgonzola
- 50 g de beaufort
- 50 g de comté
- 1 cuill. à soupe de parmesan fraîchement râpé
- 50 cl de lait frais entier
- 60 g de beurre
- 40 g de farine
- 1 pincée de noix muscade fraîchement râpée
- Huile d'olive
- Sel et poivre

Ce plat riche et crémeux s'accompagne très bien de vin rosé.

1 Faites bouillir 2 litres d'eau, salez et versez un filet d'huile d'olive. Faites cuire les lasagnes pendant le temps indiqué sur le paquet en les remuant de temps en temps.

2 Égouttez-les, puis étalez-les sur un torchon propre et humide ; couvrez-les avec un autre torchon humide afin qu'elles ne se dessèchent pas.

3 Ôtez la croûte des fromages et coupez-les en petits dés.

4 Faites fondre 50 g de beurre dans une casserole, ajoutez la farine et mélangez afin de bien l'incorporer. Versez le lait graduellement pour éviter la formation de grumeaux. Portez à léger frémissement et laissez mijoter 15 minutes à feu très doux en remuant constamment. Éteignez le feu, ajoutez les fromages et mélangez jusqu'à ce qu'ils soient fondus ; salez, poivrez, ajoutez 1 cuillerée de parmesan et la muscade.

5 Préchauffez le four à 200 °C (th. 6).

6 Beurrez un plat à four rectangulaire de 15 x 20 cm environ.

7 Étalez une couche de lasagnes et une couche de béchamel aux fromages. Renouvelez l'opération trois fois en prenant soin de bien couvrir toutes les lasagnes pour qu'elles ne se dessèchent pas pendant la cuisson.

8 Enfournez et faites cuire 20 minutes environ jusqu'à ce que le dessus soit légèrement gratiné.

Lasagnes aux cèpes

POUR 2 PERSONNES

125 g de lasagnes
200 g de cèpes frais
2 gousses d'ail
1/2 bouquet de persil plat
50 g de parmesan fraîchement râpé
35 g de beurre
10 g de Maïzena
Bouillon de légumes
15 g de cèpes séchés
2 cuill. à soupe d'huile d'olive extra vierge
Sel et poivre

Voici une recette vraiment raffinée pour laquelle vous pourrez également utiliser des cèpes surgelés.

1 Réhydratez les cèpes séchés pendant 15 minutes, dans un bol d'eau bouillante.

2 Faites bouillir 2 litres d'eau, salez et versez un filet d'huile d'olive. Faites cuire les lasagnes pendant le temps indiqué sur le paquet en les remuant de temps en temps.

3 Égouttez-les, puis étalez-les sur un torchon propre et humide ; couvrez-les avec un autre torchon humide afin qu'elles ne se dessèchent pas.

4 Lavez les feuilles de persil et hâchez-les.

5 Épluchez les gousses d'ail. Nettoyez les cèpes en grattant la partie terreuse du pied et essuyez-les avec un torchon humide. Coupez-les en lamelles.

6 Dans une poêle, faites revenir les gousses d'ail à l'huile d'olive, ajoutez les cèpes et le persil hâché et laissez cuire pendant 20 minutes environ. Retirez les gousses d'ail.

7 Égouttez les cèpes séchés, essorez-les et hachez-les finement. Filtrez leur eau de végétation et complétez avec le bouillon de légumes pour obtenir 30 cl. Réservez.

8 Dans une casserole, faites fondre 25 g de beurre, ajoutez la Maïzena et mélangez afin de bien l'incorporer. Versez l'eau des cèpes et le bouillon graduellement ; ajoutez les cèpes hachés. Portez à léger frémissement et laissez mijoter 15 minutes à feu très doux en remuant constamment. Éteignez le feu, salez et poivrez.

9 Préchauffez le four à 200 °C (th. 6).

10 Beurrez un plat à four rectangulaire de 15 x 20 cm environ.

11 Étalez successivement une couche de lasagnes, une couche de cèpes, 3 cuillerées de velouté de champignon et saupoudrez de parmesan. Renouvelez l'opération deux fois. Terminez avec une couche de lasagnes et le velouté.

12 Enfournez et faites cuire 20 minutes environ jusqu'à ce que le dessus soit légèrement gratiné.

Lasagnes sole et champignons

POUR 2 PERSONNES

125 g de lasagnes

200 g de filets de sole

100 g de champignons de Paris

1 échalote

4 feuilles de sauge

2 cuill. à soupe de parmesan fraîchement râpé

10 cl de crème fraîche

40 g de beurre

1 cuill. à soupe de farine

20 cl de fumet de poisson

1 cuill. à soupe d'huile d'olive

Sel et poivre

La sauge est une herbe aromatique qui accompagne parfaitement la sole et met en valeur son goût délicat.

1 Faites bouillir 2 litres d'eau, salez et versez un filet d'huile d'olive. Faites cuire les lasagnes pendant le temps indiqué sur le paquet en les remuant de temps en temps.

2 Égouttez-les, puis étalez-les sur un torchon propre et humide ; couvrez-les avec un autre torchon humide afin qu'elles ne se dessèchent pas.

3 Lavez les champignons ; émincez-les.

4 Épluchez et hachez l'échalote. Faites-la revenir dans une poêle avec 1 cuillerée d'huile et les champignons. Saupoudrez de farine, ajoutez le fumet de poisson, la crème fraîche. Salez, poivrez et laissez cuire 15 minutes à feu très doux, en remuant constamment.

5 Passez la sauce au mixer pour obtenir un velouté.

6 Coupez la sole en losanges et faites-la revenir dans une poêle avec 20 g de beurre, la sauge, du poivre et du sel pendant 5 minutes environ.

7 Quand la sole est cuite, disposez-la dans le velouté.

8 Préchauffez le four à 200 °C (th. 6).

9 Beurrez un plat à four rectangulaire de 15 x 20 cm environ.

10 Étalez une couche de lasagnes et recouvrez de velouté à la sole. Renouvelez l'opération trois fois en prenant soin de bien couvrir toutes les lasagnes pour qu'elles ne se dessèchent pas pendant la cuisson. Parsemez de dés de beurre et saupoudrez de parmesan.

11 Enfournez et faites cuire 20 minutes environ jusqu'à ce que le dessus soit légèrement gratiné.

Lasagnes au ragoût de lapin parfumé aux herbes

POUR 2 PERSONNES

125 g de lasagnes

500 g de chair de râbles et de cuisses de lapin

50 g de champignons de Paris

1 petite échalote

1 gousse d'ail

1/2 branche de romarin

1/2 branche de sauge

4 cuill. à soupe de parmesan fraîchement râpé

25 cl de lait

40 g de beurre

20 g de farine + 1/2 cuill. à soupe pour la sauce

1 cuill. à café de concentré de tomate

20 cl de bouillon de bœuf

1/2 verre de vin blanc

2 cuill. à soupe d'huile d'olive extra vierge

1 pincée de noix muscade fraîchement râpée

Sel et poivre

La sauge et le romarin s'adaptent très bien aux viandes blanches et les parfument délicatement.

1 Demandez à votre boucher de hacher grossièrement la viande des râbles et des cuisses de lapin.

2 Pelez l'échalote et l'ail ; hachez-les et faites-les revenir dans une poêle avec l'huile. Faites dorer le lapin à feu vif, puis ajoutez les feuilles de sauge, les aiguilles de romarin, le concentré de tomate ; poivrez. Saupoudrez avec 1/2 de cuillerée à soupe de farine, ajoutez le vin, que vous laisserez s'évaporer, puis le bouillon, couvrez et faites cuire pendant 30 minutes à feu doux.

3 Faites bouillir 2 litres d'eau, salez et versez un filet d'huile d'olive. Faites cuire les lasagnes pendant le temps indiqué sur le paquet en les remuant de temps en temps.

4 Égouttez-les, puis étalez-les sur un torchon propre et humide ; couvrez-les avec un autre torchon humide afin qu'elles ne se dessèchent pas.

5 Faites fondre 20 g de beurre dans une casserole, ajoutez la farine restante et mélangez afin de bien l'incorporer. Versez le lait graduellement. Portez à léger frémissement et laissez mijoter 15 minutes à feu très doux en remuant constamment. Ajoutez la muscade et du sel.

6 Lavez les champignons, ôtez la base et émincez-les. Faites-les dorer avec 10 g de beurre dans une poêle. Salez et poivrez.

7 Préchauffez le four à 200 °C (th. 6).

8 Beurrez un plat à four rectangulaire de 15 x 20 cm environ.

9 Étalez successivement des couches de lasagnes, de lapin, de béchamel, de champignons et de parmesan. Renouvelez l'opération trois fois.

10 Enfournez et faites cuire 20 minutes environ jusqu'à ce que le dessus soit légèrement gratiné.

Index